Traum-Mann zum Selberbacken

arsEdition

Selbst ist die Frau!

Wenn es doch nur so einfach wäre und man sich den Traum-Mann selber backen könnte! Aber warum eigentlich nicht? Vielleicht reicht es ja fürs Erste, wenn er nett anzusehen ist, nicht zu viel spricht und dann noch lecker schmeckt. Mit wenigen Handgriffen kann frau sich den Traum-Mann mithilfe dieses Büchleins selber backen. Und je nachdem, welche Vorlieben sie hat, kann das Grundrezept »Mann« ergänzt und so den eigenen Vorstellungen angepasst werden. Soll es ein verträumter Romantiker werden oder lieber ein echter Frauenversteher sein, der weiß, wie man frau erobern kann? Ein Muttersöhnchen zum Verwöhnen oder doch lieber ein Macho?

Viel Spaß beim Backen und Ausprobieren!

Das Rezept

Zutaten:

- 250 g Mehl
- 1 Päckchen Trockenhefe
- 30 g Vanillezucker
- 2 EL Milch
- 3 Eier
- 1 Prise Salz
- 200 g Butter
- Schokoladenglasur

Traum-Mann-Grundrezept

Zubereitung:

Mehl und Trockenhefe miteinander vermischen. Butter und Milch erwärmen, bis die Butter geschmolzen ist, dann zu dem Mehl-Trockenhefe-Gemisch dazugeben. Eier, Zucker, Salz hinzufügen und den Teig gut durchkneten, bei Bedarf noch Mehl dazugeben.

Den Teig eine Stunde gehen lassen und ihn anschließend ausrollen und mit der Backform kleine Teig-Traum-Männer ausstechen. Diese dann noch einmal eine halbe Stunde gehen lassen.

Dann bei 160 °C backen. Zum Schluss die Traum-Männer mit der Schokoglasur verzieren.

Das Rezept

Was frau nun in den Händen hält, ist ein relativ unauffälliger Typ Mann.
Aber wenn frau die einmalige Chance hat, sich ihren Traum-Mann zu backen, sollte sie sich damit nicht zufrieden geben!
Traum-Männer sind rar, da ist dieses Büchlein die Gelegenheit, dem Schicksal ein wenig nachzuhelfen und die Männer ganz nach Stimmung und Geschmack selber zu kreieren!

Stundenlang im Café sitzen und darauf warten, dass ER den Raum betritt, am Wochenende heimlich die Kontaktanzeigen in der Tageszeitung durchstöbern und im Park sehnsüchtig den glücklichen Pärchen nachschauen – Schluss damit!
frau wartet nicht mehr auf Zufälle, geht keine Kompromisse mehr ein!
Sie backt sich einfach ihren Traum-Mann:

Also an die Töpfe, fertig, los ...

Hier kommen die TOP 10 der Traum-Männer...

Der Intellektuelle

Wenn frau schon lange auf der Suche nach einem Mann ist, der die gehobene Konversation pflegt, Literatur liebt wie sie auch und gerne ins Theater geht ... Wenn SIE sich danach sehnt, bei Beethovens 5. Symphonie einen Bordeaux guten Jahrgangs zu zweit zu genießen und dabei stillschweigend der Musik zu lauschen, dann ist dies das richtige Rezept ...

Der Intellektuelle

Und so gehts:

Intellekt ist ein Sonderwunsch und im Grundrezept Mann nicht unbedingt enthalten. Daher sollte frau Folgendes probieren:

Man nehme den fertig gebackenen Mann, der nur aus dem Grundrezept besteht, und füge eine Brille aus Lakritze hinzu, was sehr gebildet aussieht. Am besten nimmt man dafür eine Lakritzenschnecke und forme daraus eine passende Brille. Je nach Geschmack kann man statt der Lakritze auch Marzipan verwenden. Einige Schokolinsen als Knöpfe verwendet, vervollständigen den Traum-Mann.

Den intellektuellen Traum-Mann genießt man am besten in angenehmer Atmosphäre bei einem guten Buch.

»Männliche Dummheit bereitet mir größtes Vergnügen. Gott sei Dank ist das eine schier unerschöpfliche Quelle der Unterhaltung.«

Mary Wortley Montagu

Der Gentleman

Mann hält frau die Tür auf, hilft ihr in den Mantel, führt sie in die besten Restaurants der Stadt aus und überschüttet sie nicht nur mit Geschenken und Komplimenten, sondern trägt die Angebetete sprichwörtlich auf Händen …

Der Gentleman kennt das Geheimnis und besticht durch sein charmant unaufdringliches Auftreten!

Der Gentleman

Und so gehts:

Ein Gentleman besticht durch seine Unaufdringlichkeit, seine Zuvorkommenheit und sein gepflegtes Äußeres.
Hier empfiehlt es sich, das Grundrezept mit etwas echter Vanille zu verfeinern, um dem Gentleman eine angenehm betörende Note zu verleihen.
Anschließend trägt man mit etwas Speisefarbe einen Smoking auf den frisch gebackenen Traum-Mann auf. Wenn man möchte, kann man aus etwas Teig auch noch einen Zylinder formen und dem Traum-Mann aufsetzen.

»Ein Gentleman ist ein Mann, der eine Frau beschreiben kann, ohne die Hände zu Hilfe zu nehmen.«

Alec Guinness

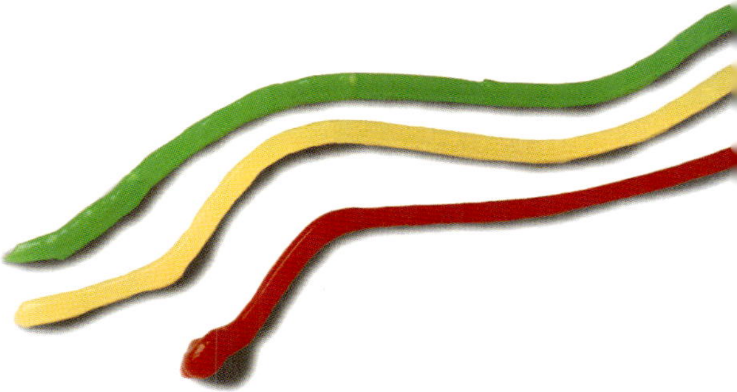

Der Macho

Wenn frau es bevorzugt, ihm stets zu Diensten zu stehen und IHN von vorne bis hinten zu bedienen ... nicht die Frau, sondern das Hausmädchen an seiner Seite sein will, dann ist der Macho genau der richtige Begleiter für ihren Lebensweg.

Der Macho

Und so gehts:

Chauvinismus schmeckt schnell bitter, ist er nicht wohl dosiert!
Ein wirklicher Macho ist äußerlich meist an seinem demonstrativ zur Schau gestellten Brusthaar zu erkennen, deshalb eine Hand voll Schokostreusel aus Bitterschokolade auf der Brust des Traum-Mannes verteilen.
Diese Art von Traum-Mann sollte man im Kreise der besten Freundinnen unter lautem Gegröle verzehren und mit viel Alkohol nachspülen, damit kein bitterer Nachgeschmack auf der Zunge bleibt.

»Die einzige Frau, von der ich mir etwas sagen lasse, ist die vom Navigationssystem.«

Dieter Bohlen

Der Romantiker

Romantiker verwöhnen ihre Liebste nach allen Regeln der Kunst. Manchmal sind es wahre Poeten, die frau schon nach dem Aufstehen mit einem selbst verfassten Liebesgedicht und einem Strauß langstieliger roter Rosen überraschen!
Sie organisieren mitten in der Woche ein Candlelight-Dinner mit Streichquartett und IHREM Lieblingsgericht und lesen ihrer Angebeteten jeden Wunsch von den Augen ab.
Es lohnt sich also, ab und an einen Romantiker zu vernaschen ...

Der Romantiker

Und so gehts:

Welche Frau bekommt nicht gerne Blumen geschenkt!?! Und da dies leider viel zu selten der Fall ist, behilft sich frau am besten selbst. Man nehme den fertigen, mit Schokolade verzierten Traum-Mann und gebe ihm einen großen Strauß aus leckeren Schokolinsen und Speisefarbe in die Hand. An dieser blumigen Aufmerksamkeit kann man sich tagelang erfreuen, da diese Sorte Blumen kein Wasser braucht und extrem lange haltbar ist.

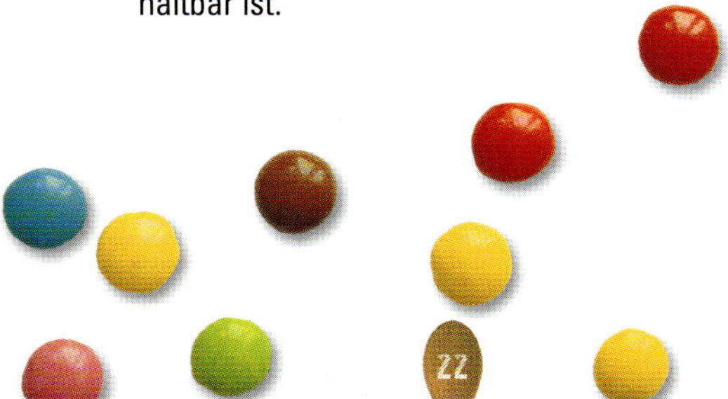

»Die meisten Männer haben so viel Einfühlungsvermögen wie ein Presslufthammer.«

Jeanne Moreau

Der Erfolgreiche

Sich mit einem erfolgreichen Mann einzulassen bedeutet im wahren Leben auch Kompromisse einzugehen.
Sie sind viel unterwegs, häufig gestresst und meist hoffnungslose »Workaholics«! Auf der anderen Seite zeichnet sie ihr gepflegtes Äußeres, das souveräne Auftreten und ... ganz unter uns, ihr ansehnlicher Kontostand aus.

Der Erfolgreiche

Und so gehts:

Wer gerne einen erfolgreichen Mann an seiner Seite hat und zugunsten der großzügigen Geschenke und Mitbringsel dafür auf seine Anwesenheit verzichten will, dem sei dieses Rezept empfohlen:

Den fertig gebackenen Traum-Mann verziert man am besten zusätzlich mit einer Krawatte aus Schokoguss. Auch eine gepflegte Frisur kann man auf diese Weise hinzufügen. Gib ihm noch einige Münzen in die Hand, das rundet das Gesamtbild des erfolgreichen, vermögenden Traum-Mannes ab.

»Ein erfolgreicher Mann ist ein Mann,
der mehr Geld verdient, als seine Frau ausgeben kann.«

Anonym

Das Muttersöhnchen

Frau ist gerne für ihn da, wenn er mal nicht schlafen kann, wäscht und bügelt mit Begeisterung karierte Hemden und Bundfaltenjeans ... Versucht sich liebevoll an den Lieblingsrezepten seiner Mutter und legt mit Selbstverständlichkeit seine Garderobe für den nächsten Morgen zurecht?

Klarer Fall: Für sie ist ein Muttersöhnchen das Richtige!

Das Muttersöhnchen

Und so gehts:

Muttersöhnchen sind besser als ihr Ruf. Man sollte lediglich versuchen, sich von Anfang an mit der Mutter gut zu stellen ...
Doch gerade in Stil- und Kleidungsfragen brauchen Muttersöhnchen dringend IHRE Hilfe. Ihr Markenzeichen sind Pullunder und Pantoffeln. Beides lässt sich relativ leicht dem schon fertig gebackenen Traum-Mann zufügen. Einfach Pullunder und Pantoffeln mit etwas Speisefarbe auftragen. Und anschließend noch mit bunten Zuckerstreuseln verzieren.

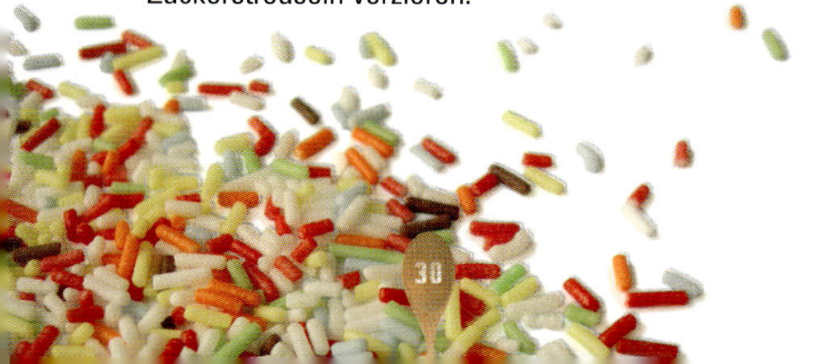

»Viele Männer denken, ihre Ehefrauen ersetzen die Mutter.«

Joyce Brothers

Das Muskelpaket

Was für ein Anblick, dieser Körper: braun gebrannt und kein Gramm Fett, nur Muskeln, wohin frau auch blickt. Ein Beschützer und Held an ihrer Seite. Besonders geeignet ist dieser Typ für einen Tag am Strand, nur mit Badehose bekleidet. Für den praktischen Nutzen kann man diesen Typ Mann sehr für einen Umzug empfehlen!

Das Muskelpaket

Und so gehts:

Ein Mann wie Urlaub!
Als Accessoire bekommt dieser Traum-Mann eine Badehose aus Speisefarbe aufgemalt. Lass hier deiner Fantasie freien Lauf. Ob gestreift oder gepunktet, nichts kann das strahlende Äußere dieses Traum-Mannes infrage stellen. Ein weiteres Detail sind seine Hanteln aus Brause-tabletten. Gib ihm in jede Hand eine, und fertig ist der muskelbepackte Traum-Mann. Der aber eigentlich viel zu schade zum Essen ist. Stell ihn dir doch einfach auf den Schreibtisch und erfreue dich jeden Tag an seinem Anblick.

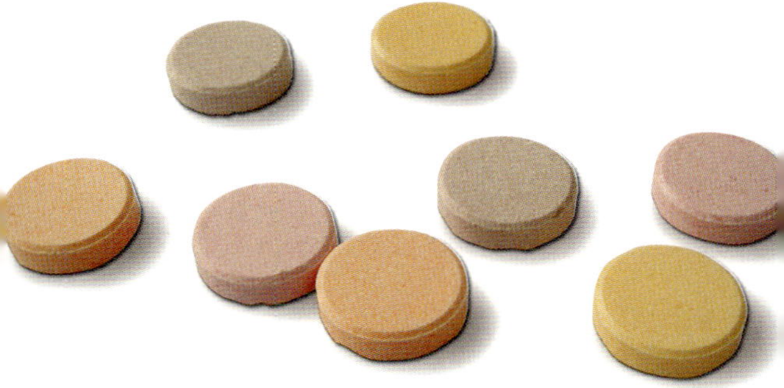

»Was ist der Mann noch?
Ein Accessoire der Frauenmode.«

Patricia Wood

Der Eroberer

Wer möchte nicht auf Händen getragen werden?
Und kunstvoll, aber nicht aufdringlich umworben werden?
Dann ist der wahre Eroberer genau der Richtige.
Er ist sehr fantasievoll, wenn es darum geht, eine Frau für sich zu gewinnen.
Allerdings kann es passieren, dass er ganz schnell das Interesse verliert, sobald frau sich auf ihn einlässt.

Der Eroberer

Und so gehts:

Eroberer geben niemals auf! Letzte und schlagendste Waffe ist ein Ständchen unter dem Fenster der Liebsten, ganz wie Romeo seine Julia umworben hat.
Füge hier dem fertig gebackenen Traum-Mann eine Gitarre aus einem Lolli hinzu, und um seinen Hals trägt dieser Typ Mann eine schicke Kette aus Rosinen. Fertig ist der feurige Eroberer. Am besten genießt man diesen Traum-Mann zu einem schmachtvollen italienischen Liebeslied.

»Die Frauen lieben die Sieger, deshalb lassen sie sich auch so gern erobern.«

Marcello Mastroianni

Der scharfe Mann

Er sieht einfach umwerfend aus. Er zieht alle Blicke auf sich und nicht nur die von Frauen! Er hat den knackigsten Po, die strahlendsten Augen, die stärksten Arme, den muskulösesten Waschbrettbauch, die wuscheligsten Haare. Kurzum, der Mann ist perfekt. Und das, was an Intelligenz fehlen mag, macht er dafür in anderen Bereichen wieder wett. Der Nachteil allerdings ist, dass frau neben einer solchen Erscheinung fast gänzlich verblasst.

Der scharfe Mann

Und so gehts:

Das Besondere dieses Traum-Mannes liegt in einer kleinen, aber feinen Zugabe zum Grundteig. Lass hier den Zucker weg und gib dafür etwas mehr Salz zum Teig hinzu. Ergänze den Hefeteig außerdem mit einem halben Teelöffel Chilipulver. Dann verziere den fertig gebackenen Traum-Mann mit Schokolade. Eine bessere Kombination als Schokolade und Chili wirst du nicht finden. Dieser Traum-Mann wirkt erst beim Essen, dafür dann aber umso mehr.

»Versuchungen sollte man nachgeben.
Wer weiß, ob sie wiederkommen.«

Oscar Wilde

Der perfekte Unperfekte

Der perfekte Mann besticht durch eine gewisse Unperfektion. Ein kleiner Makel, der ihn gerade so besonders liebenswert macht. Zum Beispiel wenn ein eingefleischter Stehpinkler nur aus übergroßer Müdigkeit zum Sitzpinkler wird. Oder das schiefe Grinsen, mit dem er sich für sein regelmäßiges Zuspätkommen entschuldigt. Den perfekten Mann gibt es nicht, aber wenn man erkennt, dass es gerade das Unperfekte ist, das einen Mann zum Traum-Mann werden lässt, hat man schon gewonnen.

Der perfekte Unperfekt

Und so gehts:

Bei der Zubereitung des perfekten unperfekten Traum-Mannes sind der Fantasie keine Grenzen gesetzt.
Hier kommen alle persönlichen Vorlieben ins Spiel. Mische ruhig die verschiedenen Zutaten der einzelnen Traum-Männer und backe dir deinen ganz persönlichen Traum-Mann!

»Die richtigen Männer sind entweder verheiratet oder sie arbeiten zu viel.«

Juliette Gréco

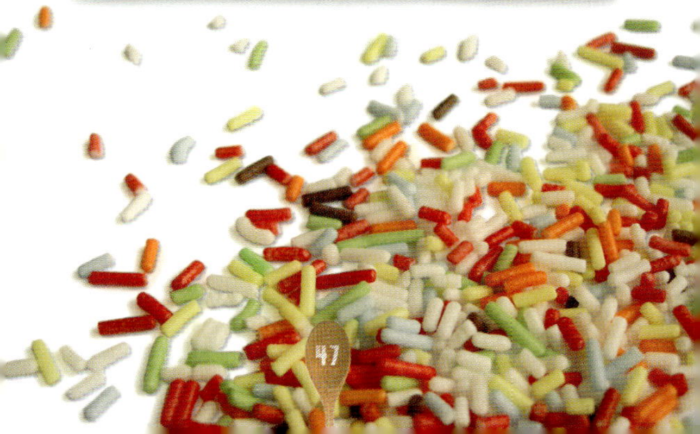

In einigen Fällen war es nicht möglich,
für den Abdruck der Texte die Rechteinhaber zu ermitteln.
Honoraransprüche der Autoren, Verlage und ihrer Rechteinhaber
bleiben erhalten.

Gestaltung, Fotos und Illustration: elektrolyten,
Petra Schmidt, München, www.elektrolyten.de
Coverbild: photographic, München
photographic, München: S. 7, S. 9,
S. 10, S. 37, S. 38

ISBN-13: 978-3-7607-2398-3
ISBN-10: 3-7607-2398-5

Printed by Tien Wah Press

www.arsedition.de